Claudia Souto e Paulo Augusto

NANÃ BUROQUÊ

Lendas, arquétipo e teologia

NANÃ BUROQUÊ |2| Lendas, arquétipo e teologia

Copyright © 2020 Editora Rochaverá Ltda. para a presente edição

Todos os direitos reservados para a Editora Rochaverá Ltda. Nenhuma parte desta edição pode ser utilizada ou reproduzida por qualquer método ou processo sem a expressa autorização da editora.

NANÃ BUROQUÊ |4| Lendas, arquétipo
                    e teologia

Título
Nanã Buroquê
Lendas, arquétipo e teologia

Autores
Claudia Souto / Paulo Augusto

Revisão
Ileizi Jakobovski / Alexandra Baltazar

Capa
Fábio Galasso / Thiago Calamita

Edição e Diagramação
Fábio Galasso

Internacional Standard Book Number
ISBN: 978-65-00-12635-8 / 64 páginas

Sumário

Introdução - 8

Lendas, arquétipo e definições de Nanã - 11

Definições - 12

Os Orixás segundo as tradições religiosas - 12

Lendas e Histórias do Orixá Nanã - 14

Lendas do Orixá Nanã - 16

Características dos filhos de Nanã - 17

Filhos de Nanã, arquétipo - 19

Nanã, Orixá da criação - 23

Cultura e entendimento para a vida - 27

O arquétipo da Mãe que conduz - 31

Sincretismo - 34

Nanã, e o sincretismo - 36

Teologia Espírita Nanã Buroquê - 38

Natureza santa e os Santos - 39

Porque representam as forças da natureza - 43

Teologia espiritual e a fonte de vida - 45

Nanã, frutos da vida - 48

Abrigo divino - 51

Devocionário aos Santos e Servos de Deus - 54

Conhecendo os Santos - 55

Falando com Deus através dos Santos - 58

Santificados sejam todos os Santos - 60

INTRODUÇÃO

Este livro surgiu da real necessidade dos espíritas e filhos de Senhora Nanã terem algo segmentado em que pudessem pesquisar e aprender ainda mais sobre essa santidade, fonte de energia de luz espiritual divina de uma forma mais sacrossanta e não somente através das lendas e histórias de vossa unidade.

O conteúdo deste livro está dividido em duas partes, sendo a primeira parte a história sobre as lendas e o arquétipo segundo o entendimento popular e as tradições das religiões de matrizes espírita/africana e a segunda parte um conteúdo teológico espiritual segundo as orientações e ensinamentos de A Bíblia Espírita, A Bíblia Real, a primeira bíblia espírita do mundo.

E para facilitar este entendimento teológico inserimos uma introdução teológica sobre a mediunidade e as forças espirituais que regem e governam essas forças santificadas em terra para lhe ajudar na busca e no entendimento Santo em relação ao trabalho dos Santos em terra.

No final, colocamos alguns conceitos teológicos da doutrina espírita umbandista através da ótica dos espíritos, pois consideramos relevantes que cada ser tenha consciência do caminho que segue, enquanto espírita e devoto dos espíritos.

Para finalizar desejamos que todo este trabalho seja uma mais-valia para todos os que servirem dele, pois o conhecimento teológico é essencial na vida de todos aqueles que busquem crescer e evoluir através dos espíritos.

Os autores:

A Bíblia Real

NANÃ BUROQUÊ |10| Lendas, arquétipo
e teologia

Lendas, arquétipo e definições de Nanã

1. Definições

Cor: Anil, lilás e branco

Elemento: Barro, lama

Dia da semana: Terça-feira

Comemoração: 26 de Julho

2. Os Orixás segundo as tradições religiosas

Os orixás são ancestrais divinizados pelo culto do candomblé, religião trazida da África para o Brasil, durante o século XVI, pelo povo iorubá. Entre os vários Orixás que eram cultuados está Senhora Nanã Boroquê, Senhora da vida, da morte, da sabedoria e dos pântanos.

De acordo com o Dicionário de Cultos Afro-Brasileiros de Olga Cacciatore, os orixás são divindades intermediárias entre Olorum (o Deus supremo) e os homens em terra. Na África eram cultuados cerca de 600 orixás, destes foram trazidos para o Brasil cerca de 50, que estão reduzidos por volta de 16 no Candomblé e cerca de 8 na Umbanda. Mas muitos destes são considerados como antigos reis, rainhas e heróis divinizados, os quais representam as vibrações das forças e elementos da Natureza como raios, trovões, tempestades, águas, caça, colheita, rios, cachoeiras, como também grandes ceifadores da vida humana, representando as doenças e pestes epidêmicas; e ainda cobradores das leis sociais e do direito, como leis morais bem como as leis divinas por força da justiça santa do Criador através dos Exús.

No Brasil, cada Orixá foi associado a um Santo da igreja católica, numa prática que ficou conhecida como sincretismo religioso. Nanã é sincretizada com Santa Ana, na maioria dos estados brasileiros, sua data é comemorada em 26 de julho.

3. Lendas e Histórias do Orixá Nanã

Segundo as lendas e o conhecimento popular e das religiões de vertente espírita/africana, Nanã era a rainha de um povo e que tinha poder sobre os mortos. Para roubar esse poder, Oxalá a desposou, porém, não lhe dava atenção, pois era uma relação sem amor. Nanã então fez um feitiço para ter um filho.

Diz à lenda que tudo ocorreu da maneira que ela desejava, mas por causa do feitiço, o filho, Omulu nascera deformado. Nanã não suportando aquilo devido sua vaidade, jogou a criança no mar para que morresse. Mas Iemanjá encontrou o bebê e o criou como se fosse seu filho.

Sabendo do ocorrido Oxalá a castigou a condenando ter outros filhos com iguais anomalias. Ela foi expulsa do território divino e obrigada a viver em um pântano escuro e isolada.

Pode-se ouvir outras lendas deste Orixá, dizendo que para punir pessoas que cometiam crimes, Nanã invocava Eguns para assustar os criminosos. Oxalá sabendo deste poder de invocação decidiu enfeitiçá-la com uma poção do amor para que pudesse se casar com ela, e assim, descobrir como eram feitas as invocações dos espíritos. A Orixá se apaixonou por ele, porém o proibiu de entrar no jardim dos mortos.

Ele descobriu como entrar no jardim dos mortos, um dos rituais de invocação e pouco depois, vestiu-se de mulher e foi até o jardim e ordenou que os Eguns obedecessem ao "homem que vivia com Nanã" (ele mesmo). A partir daí, Oxalá passou a liderar os Eguns e até hoje somente homens fazem o culto aos Egungun.

4. Lendas do Orixá Nanã

Conforme outra lenda deste Orixá, outra lenda diz que certa vez os Orixás decidiram fazer uma reunião para decidir quem era o mais importante Orixá para a humanidade. Todos decidiram que Ogum era o principal Orixá, já que seu conhecimento sobre a manipulação do ferro trouxe diversos benefícios para a humanidade, porém Nanã foi a única que discordou, e para provar que não era verdade, ela torceu o pescoço dos animais que serviriam de oferenda nos rituais de Ogum.

Por esse motivo sacrifícios destinados para Nanã, não podem ser cortados com metal.

5. Característica dos filhos de Nanã

Segundo as lendas e entendimento religioso popular, os filhos de Nanã seriam pessoas gentis, bastante calmas, pacientes em suas buscas e particularidades.

Geralmente possuem afinidade com crianças, e todos os tratam como uma verdadeira avó, acolhedora e com olhar profundamente materno, que preocupa-se com a educação, os cuidados e zelos essenciais em favor de todos ao seu redor.

Dizem que são pessoas que vivem como se a morte não fosse ocorrer, porque não se preocupam com o tempo das coisas, e geralmente deixam suas tarefas para a melhor hora, sem nenhuma ansiedade.

Segundo o entendimento, são pessoas que se apegam ao passado vivido, e por isso não enxergariam ou se preocupariam em planejar o futuro, e aparentam mais idade do que verdadeiramente possuem.

O entendimento popular diz que os filhos deste Orixá seriam pessoas que guardam rancor e dificilmente se esquecem aqueles que os magoaram.

Porém, pessoas justas e sábias, e procuram refletir muito sobre as atitudes alheias antes de se afastar de alguém. Amam verdadeiramente sua família, são geralmente responsáveis e possuem naturalmente um olhar majestoso. Apesar de serem filhos de Nanã, não são vingativos e conseguem controlar facilmente suas impetuosidades devido a calma que carregam dentro de si.

6. Filhos de Nanã, arquétipo

Em um contexto espiritual e religioso acredita-se que o temperamento do médium ou dos filhos do Orixá esteja diretamente ligado ao arquétipo do Orixá, por isso os filhos e filhas de Nanã carregariam as características pessoais de Nanã como a sabedoria, a forma calma e tranquila de lhe dar com as situações, o afeto matriarcal de uma pessoa já vivida e a responsabilidade de alguém realmente mais velho.

Porém, devo dizer que cada ser humano é um espírito ou um ser individual, com suas próprias histórias, caminhos de vida bem como missão pessoal.

É certo compreender que o médium regido por determinado Orixá, irá sim carregar consigo as emanações espirituais de luz e força de vida que vibram de seu Orixá. Segundo os ensinamentos de

(A Bíblia Real – A Bíblia Espírita), até porque antes de virmos para o campo terreno como encarnados, todos nós partimos de uma "casa celestial ou um Reino sagrado de um Orixá", e por isso estamos ligados diretamente a estas energias "santificadas por Deus" aos quais chamamos em terra de Orixás ou Santos.

Logo, o conceito de sabedoria, lucidez, temperamento brando ou "ar" matriarcal que possuem seus "filhos", são na verdade o temperamento e a essência do próprio encarnado e não do Orixá que os rege. Porém, o Orixá é quem os protege dos males da vida lhes dando força e luz para que possam progredir e alcançar evolução em seus caminhos. Até porque o campo material é um campo de inúmeros desafios para um encarnado e não é apenas o temperamento bom ou ruim que fará de um encarnado um bom ou mal, sábio ou ignorante, vencedor ou perdedor na vida de terra. O ser encarnado possui suas próprias escolhas e opções para a busca de evolução de si mesmo.

Então um Orixá, não está no caminho de um "filho" para lhe emanar coisas boas ou ruins, temperamentos bons ou maus, porque neste caso não estaria o Orixá lhe auxiliando em nada. Mas é certo que um Orixá jamais lhe causará angústias, dores e escolhas ruins, mas sim, ensinamentos; o que inclui direção de bons caminhos, boas escolhas. E tudo isso utilizando as fontes divinas que vibram espiritualmente deste Orixá, no caso da Senhora Nanã, maior sabedoria e discernimento para as tomadas de decisões.

Então Nanã não é quem traz a sabedoria e a paciência de um ancião para seus filhos, mas sim, quem ajuda a olhar a vida de uma forma mais branda e pacífica, para o encontro do próprio progresso e evolução pessoal deles.

É certo que Nanã teve suas próprias buscas, sofrimentos pessoais e questionamentos, e seus filhos terão os seus próprios sofrimentos e questionamentos. Mas nas questões ligadas às decisões e entendimento da vida de uma maneira mais sábia e expansiva a Senhora da Criação como é conhecida, irá emanar sobre seus filhos, filhas e todos que desejarem a sua própria sabedoria, para que ultrapassem as questões de terra e consigam compreensão sobre os acontecimentos e sofrimentos. E assim alcancem entendimento divino de forma que sigam em paz, sábios e seguros em suas vidas.

7. Nanã, Orixá da criação

Podemos observar certa semelhança entre os Orixás Obaluaê e Nanã, porque ambos são conhecedores dos caminhos da vida e da morte, ou dos caminhos que direcionam desde o início ao fim dos encarnados.

O início e o fim querem dizer a vida e a passagem para o "além vida" através de uma visão de terra, ou seja, desde o nascimento, que é o que "conduz à vida" até o término da vida que é o que "conduz a morte".

Embora a vida não se inicie no nascimento em terra ou se finde na partida ou momento da morte, uma vez que o campo terreno é apenas um campo de "passagem", por isso espírito nunca morre. Existe um fluxo espiritual de emanações que vibra energia que fui para que a vida possa existir em campo terreno. E é exatamente esse fluxo de vida que Nanã comanda em terra.

Este Orixá está ligado ao início da vida, ou a fonte que vibra energia espiritual que conduz a vida carnal de um espírito.

E para que o início possa ser possível, (a vida carnal) é preciso que tenha existido um término, (a morte ou desencarne) uma vez que somos espíritos em constantes encarnações em busca de evolução (A Bíblia Espírita – A Bíblia Real Espírita).

Por isso mesmo Nanã é conhecedora do início e do fim, até porque para algo se findar é preciso existir e para algo iniciar (encarnar ou reencarnar) é preciso que parta de algum lugar ou que tenha existido e se findado em algum momento.

Segundo o entendimento religioso e de entendimento popular Nanã é conhecida como a "Senhora da Criação" ou "Mãe – Terra Primordial", regente dos grãos e da morte. Ela trás a memória do povo e da ancestralidade, pois vivenciou toda a magia da concepção do universo. Isso quer dizer que ela está presente desde a criação do mundo, e eternamente estará regendo e acompanhando todos os povos que em terra haverão de cumprir missão espiritual.

Embora não seja a responsável ou criadora de "todas as coisas" porque é Deus o criador de todas as coisas, Nanã é a "representante" divina da criação em terra. Isso quer dizer que ela é a condutora desta energia que manifesta Deus através das criações.

Conforme A Bíblia Espírita/A Bíblia Real, Deus está presente em terra através das fontes que jorram a vossa energia em campo terreno através das "fontes de energia direta", que são fontes de luz que ligam Deus e a terra", ou fontes de luz que conduzem a luz de Deus ao campo terreno; uma vez que Ele é muitíssimo grande e se acaso derramasse a vossa energia de luz diretamente, certamente a terra não suportaria tamanha grandeza de energia e luz. Por isso ele distribui a vossa grandeza de luz celestial em 07 (sete) distintas fontes de emanação, dentre elas está a fonte condutora de energia para a "criação" ou fonte de vida carnal.

Esta fonte que representa a criação ou a força de vida que conduz os espíritos a vida carnal, nós chamamos de Nanã, que seria a representante terrena que rege e governa celestialmente as "criações" ou o direito à vida.

Então Nanã rege o fluxo de energia terrena que conduz à vida de tudo que possa existir em terra sobre a ordem suprema de Deus, sendo ela a representante que manifesta Deus em todas as coisas que possam ser vivas espiritualmente.

8. Cultura e entendimento para a vida

"Sem o hoje não há vida lúcida e sem vida lúcida do entendimento do hoje não há missão"

Conforme o entendimento religioso popular Nanã Buroquê, também chamada de mãe ou avó, por ser a Orixá mais velha, é uma Orixá conhecida por estar presente desde a criação da humanidade. Ela representa a memória do povo, pois segundo as lendas vivenciou toda a magia da concepção do universo.

Conhecida como "Rainha da Lama", da qual se originou todo ser humano, esta Orixá é uma dos mais respeitadas e temidas da religião.

Nanã é responsável pelo portal entre a vida e a morte, pois ela limpa a mente dos espíritos desencarnados para que eles possam se libertar do peso que sofreram em suas jornadas terrenas, reencarnando sem os rastros da vida anterior. Por isso quando envelhecemos ao decorrer dos anos começamos a perder a memória, conforme o entendimento popular.

Porém, eu digo que com Nanã podemos aprender mais sobre a vida e a morte se separarmos o entendimento popular religioso do entendimento religioso teológico. É certo que ao envelhecermos perdemos um pouco dos sentidos sensoriais, de raciocínio e mecânicos, até porque a "caixa mecânica" ou a matéria tem um prazo de tempo para seu bom funcionamento, juntando ao fato da própria missão de cada encarnado ou aquilo que cada um precisa viver e resgatar para purificar sua própria essência espiritual, é fato que perderemos alguns sentidos ao longo da vida ou na velhice.

Mas, não por conta de que Nanã irá limpar nossas mentes para a próxima encarnação, até porque cada encarnado tem sua própria missão em terra e nem todos sofrerão de males, doenças ou dores que os impedirão de terem total discernimento e intelectualidade até o término da vida carnal.

Mas pelo fato de que existe um "inconsciente carnal/espiritual" que fica totalmente velado do entendimento do encarnado porque este "consciente da alma" pertence apenas ao espírito e não ultrapassa as barreiras da intelectualidade ou a condição de entendimento do encarnado independente da idade que este tenha ou das condições físicas dele.

Este inconsciente faz parte do processo mágico da vida que separa o entendimento do espírito do entendimento do encarnado sobre a vida.

Isso quer dizer que separa o espírito de sofrer os possíveis danos causados pelos encarnados em sua jornada. E este inconsciente é o que divide o que chamamos de real e irreal porque ele separa aquilo que já foi vivido pelo encarnado e está armazenado na "matriz espiritual" do ser, daquilo que o espírito encarnado está vivenciando no agora. (A Bíblia Espírita/A Bíblia Real).

E este poder mágico de viver o agora sem interferência do ontem, ou o "esquecimento" do ontem para que não haja interferência no agora foge da alçada do Orixá, pertence a Deus que está acima do Orixá!

Então não perdemos fatalmente a memória com o passar dos anos, temos o que "chamamos de memória" apenas o necessário para viver o hoje, e ainda que a "caixa mecânica" falhe em algum momento, é certo compreender que já recebemos de Deus tudo o que é permitido divinamente para o cumprimento da missão com a compreensão do hoje.

Sem o hoje não há vida lúcida e sem vida lúcida do entendimento do hoje não há missão. Por isso não é Nanã quem limpa a memória de alguns e condena outros a sofrerem suas próprias dores, porque cada um viverá aquilo que está determinado em sua missão espiritual conforme aquilo que veio em terra aprender e praticar.

Quando falamos, pensamos, brincamos ou exercemos algo estamos em contato direto com o hoje, e o hoje faz parte da vida que nos foi permitido viver ao qual Nanã nos conduz até este campo material para que possamos viver e vivenciar tudo que somos capazes conforme nossos entendimentos e possibilidades. Isso é vida!

9. O arquétipo da Mãe que conduz

Embora seja um arquétipo feminino é certo que Nanã não representa o poder da genitora ou da mãe que pari e cuida de sua prole, não representa a feminilidade da mãe/mulher que exerce seu papel da geratriz recoberta com um manto sagrado da mulher que usa do corpo para "acasalar" gerar filhos ao qual possa alimentar e conduzi-los para a vida.

Segundo as lendas Nanã ao dar a luz e ver uma criança cheia de feridas e doenças de pele abandona o próprio filho por vaidade o deixando para morrer.

Mas este é um entendimento lendário religioso sobre uma ótica moral de condutas e entendimento de terra. É certo que esse contexto não representa um Orixá, uma vez que Orixá é luz, é amor e caridade, totalmente desnudo de vaidades, ambições e desejos de terra.

Nanã não representa a genitora ou o modelo arquétipo elucidado com a visão primordial feminina esculpida na mãe que gera e alimenta seu filho, e sim na progenitora, naquela que conduz para a vida ainda que a vida lhe traga dores. Sua intenção não é guardar sua prole em uma redoma para que este não sofra devido às feridas e mais tarde sofra devido não ter tido a chance de sair da barra da saia da mãe e viver sua própria vida.

É certo que as feridas da alma causam ainda mais dores e sofrimentos para aquele que as tem, e Nanã busca fazer seu filho caminhar e crescer ao invés de escondê-lo e ter que se lastimar junto a ele. Por isso, ela o colocou para a vida, e ainda que esse entendimento nos cause questionamentos, eu vos digo que Nanã é aquela que "pari filhos de Deus para a vida".

Ainda que a vida nos faça sofrer, chorar, nos angustiar, nos ferirmos em matéria e alma, essa é a missão deste Orixá junto à humanidade, nos tirar do "além vida" e nos libertar em terra abrindo o útero divino para que possamos caminhar com nossas próprias pernas; isso quer dizer, com sentidos, sentimentos e ações, ainda que soframos com as dores da vida que vem através de olhares, ações más, ensinamentos e palavras duras, capazes de causar feridas no corpo e na alma. Porque é assim que ela faz com todos os "seus filhos", os colocando em terra para viverem suas próprias vidas.

E viver a própria vida é receber a chance de nascer em campo terreno para que possamos receber outras mães e pais (nossos pais de terra) para nos alimentar, cuidar e conduzir assim como Iemanjá ao receber e adotar Omulu cheio de feridas, ou seja, cheio de angústias e medos de enfrentar a vida de terra.

Isso nos mostra como ela dá a vida a um ser e o conduz para ser recebido por aquela que será a mãe que alimentará e deixará viver a vida de terra, o ensinando e conduzindo para a verdadeira vida, ou a vida que nos faz sofrer, porém nos ensina sobre ela.

10. Sincretismo

Por ser a Orixá mais velha Nanã está sincretizada com Sant'Ana, a avó de Jesus Cristo. Ambas simbolizam a força da natureza feminina na criação divina. Representam a progenitora, ou o que procria ou vem antes da genitora, portanto é a avó. O uso e o costume faz com que sirva como a mãe, mas não é a mãe e vem antes dela.

Santa Ana se casou jovem como toda moça em Israel naquele mesmo tempo. A história diz que São Joaquim era um homem de posses e bem situado na sociedade. Ambos viviam em Jerusalém, ao lado da piscina de Betesda, onde hoje está a Basílica de Santana. O casal se relacionava com pessoas de todo Israel, especialmente nas festas em Jerusalém.

Santa Ana era estéril e não conseguia engravidar mesmo depois de anos de casada. Naquela época uma mulher estéril era vista como amaldiçoada por Deus. Por isso ela sofreu grandes humilhações e São Joaquim era impedido pelos sacerdotes de exercer algumas funções, devido este fato.

Santa Ana e São Joaquim eram pessoas de fé e confiavam em Deus, apesar de todo sofrimento que viviam. São Joaquim resolveu retirar-se no deserto, para rezar e fazer penitência. Nessa ocasião um anjo lhe apareceu e disse que suas orações haviam sido ouvidas. Logo em seguida o mesmo Anjo apareceu para Santa Ana confirmando que as orações haviam sido escutadas. Tempos depois São Joaquim voltou para a casa e Santa Ana engravidou.

Santa Ana e São Joaquim são de fundamental importância na história da salvação, não somente por darem a vida a Maria, mas também pela formação que deram à futura Mãe de Jesus.

11. Nanã, e o sincretismo

O sincretismo nos mostra que a santa é vestida de alma limpa, cândida e pura independente da doutrina em que esteja inserida ou independente do nome que carrega em terra. Nanã Buroquê na cultura mitológica é, sobretudo, uma divindade sincrética, com diferentes atributos de outros Orixás mulheres.

Sua figura de Mãe ou Avó é o que lhe confere ser sincretizada como Sant'Ana , mãe de Maria e avó de Jesus, Filho de Deus. Santa Ana foi escolhida para cuidar e abençoar Maria, e Maria foi escolhida para ser o ventre materno mais puro e sagrado para dar à luz ao "ser" mais puro, sagrado e elevado que já esteve nessa terra.

Diante deste sincretismo onde a "continuidade da vida" se faz através dos ventres maternos dando a luz a outros seres de gerações em gerações, fazendo com que a ancestralidade parte exclusivamente das geratrizes de Deus em terra. Sant'Ana e Nanã possuem equivalente importância em suas missões de serem "Mães-Avós" ou "Mães-criadoras", aquelas que co-criam os seres de Deus concebendo a vida através de uma das fontes mais poderosas de vida, chamada útero materno, fonte capaz de ascender outro ser de natureza divina imagem e semelhança do Criador.

Ou a deusa luz que faz nascer outros seres de luz, com suas próprias luzes e missões em terra

E enquanto uma possui grande importância dentro do panteão iorubá a outra possui a mesma importância sendo geratriz da ancestralidade do Filho do Homem. Ambas incorruptíveis em espírito, leais, devotas e fiéis as suas crenças e missões junto a Deus

Por isso essa associação na concepção africana de sentido materno e gerador está totalmente ligado a missão de Sant'Ana e Nanã Buroquê, porque tanto uma quanto a outra está ligada ao processo de vida e principalmente ao processo de criação do mundo e da continuidade da vida.

Teologia Espírita
Nanã Buroquê

1. Natureza santa e os Santos

Deus é a natureza, e a natureza é Deus!

Antes de iniciarmos sobre a Orixá Nanã Buroquê, preciso mostrar como Deus atua com os Orixás de maneira celestial em campo terreno através das energias e forças da natureza. Embora possa parecer que esta divindade não esteja diretamente ligada às forças da natureza, eu vos digo que está sim, pois tudo o que é vivo em campo terreno faz parte do processo natural de vida.

A natureza é a força santificada por Deus para abastecer a vida carnal, porque é sobre a natureza que Deus jorra todas as energias espirituais que o campo terreno precisa e também manipula as energias em terra existentes. Enquanto os Santos são as fontes de energia de Deus que emanam as energias espirituais santificadas para alimentar os encarnados de luz divina. A natureza é a fonte recebedora destas energias santificadas, atuando como um campo de recebimento das fontes de energia direta de Deus. E é certo que o ser encarnado recebe todas as energias de todas essas "fontes de energia" fracionadas vindas do poder da natureza para que possa sobreviver em terra.

Veja só, seria impossível sobrevivermos sem as matas, as águas oceânicas, as florestas, as águas doces, os alimentos que vem da terra, o próprio chão da terra os ventos, o fogo que é também um condutor de energia vinda da natureza e tudo mais que possa servir de conduzir e manifestar a luz divina em terra.

Como funciona? A natureza é formada de vários elementos orgânicos e "essenciais" criados por Deus para que a vida na terra possa existir, e é através da natureza que Deus manipula a vida que nasce, cresce, se alimenta e se finda em campo terreno. E tudo isso, só é possível por força da própria natureza que recebe as energias essenciais de Deus para essa missão de alimentarem os homens e mantê-los vivos, até o fim de suas missões. Mas tudo isso só é possível com a ajuda dos Santos.

E como isso acontece? Deus precisa jorrar sobre o campo terreno suas próprias forças espirituais, porém, as energias do Senhor Deus de tão grandes que são, poderiam destruir o campo terreno. Imagine você colocar o planeta júpiter dentro de uma caixinha de sapato? Impossível, não é? Isso é Deus, criador de todos nós, uma força descomunal e muitíssimo grande para colocar dentro do campo terreno.

Então o Criador, criou e ordenou os Santos para que façam esse trabalho em seu nome. Isso quer dizer, que Ele criou e ordenou 07 (sete) distintas "Energias de poderes essenciais", aos quais chamamos de Orixás ou "Espíritos de Grandeza", conforme à (A Bíblia Espírita/A Bíblia Real), e as santificou, para que possam servirem de "fontes de energia direta" entre Deus e os encarnados.

Isso quer dizer que estas "fontes" recebedoras da luz divina recebem e através da natureza dão vida, sustentam e alimentam os seres encarnados através dos elementos orgânicos encontrados nas matas, águas, elemento árido, águas oceânicas, ventos e tudo que possa ser condutor de energia divina.

E assim, conseguir manter todos os seres que possam existir igualmente vivos por ordem divina.

Por isso os Santos são a força divina que além de conduzirem os espíritos à vida carnal para cumprimento de missão, são também as fontes que alimentam o campo natural. Não são a própria natureza, pois esta, também não possui vida por si própria, a não ser através do poder e da ordem de Deus de cumprir a missão de alimentar a vida da terra.

2. Porque representam as forças da natureza

Os Santos descarregam suas forças espirituais, compostas por luz divina e cheias de energia santificada sobre os elementos da natureza, eles não são a própria natureza, mas sim receptores das forças divinas e "derramadores" destas forças sobre a terra.

O poder de manifestação divina e manipulação dos elementos naturais vêm exatamente deste fato, pois ao mesmo tempo em que as recebem, precisam também derramar, caso contrário seriam destruídos devido o tamanho da força que recebem e manipulam. Então, derramar sobre algum elemento que pertence à em terra é a forma de trazer em terra as forças de Deus. E a natureza grandiosa e poderosa que é, recebe todas essas energias e as tornam vivas, tornando vivo tudo o que tem vida orgânica.

Por isso, as forças espirituais santificadas representam o poder da natureza, pois estão diretamente ligados ao poder natural dos elementos da terra, consagrados por Deus. E todas estas energias e formas de emanação nos direcionam ao Criador. Pois todas as criações estão ligadas a Ele por meio da verdade que se expressa na natureza e sem esta verdade não há vida na terra. Então, sem os elementos naturais não seria possível existir vida. Logo, os Santos são aqueles que representam o próprio pó da vida, da qual sem ar, água, terra, fogo e ar, não se pode existir vida.

3. Teologia espiritual e a fonte de vida

"No princípio Deus criou o céu e a terra... Deus disse: faça firmamento entre as águas e as separe... Deus disse: que as águas embaixo do céu se juntem num mesmo lugar e apareça elemento árido... Deus chamou o elemento árido de terra, e o ajuntamento das águas mar. Deus disse: produza a terra e as plantas, ervas que contenham semente e árvores frutíferas". (Genesis 1: 1-11)

Para compreendermos melhor como acontece o jorramento de energia espiritual divina sobre a vida e a criação da vida é importante nos atentarmos a compreensão divina através das sagradas escrituras.

Antes de qualquer explicação, é importante sabermos que o homem é imagem e semelhança de Deus e a Orixá, em especial Nanã, a fonte de vida que conduz a vida os filhos de Deus.

Nanã é considerada a Orixá mais velha, aquela que participa de criação de toda a humanidade, sendo parte espiritual da ancestralidade de todos os homens. E é exatamente isso que nos contam as escrituras quando em Genesis 1:1 o escritor de Genesis narra a criação da própria terra e diz no texto assim: "No princípio Deus criou o céu e a terra", isso nos mostra que Deus depois do céu, ou seja, daquilo que está velado e escondido dos encarnados para a própria continuidade e preservação espiritual deles, criou a terra. Isso quer dizer, não somente o ajuntamento de elemento árido, mas todas as possibilidades de existência humana ou orgânica à partir do elemento terra, porque é através da terra que o mundo existe. E somente porque existe a terra que os demais elementos orgânicos e naturais ou a própria natureza existe.

A terra árida é o elemento espiritual mais velho deste núcleo orgânico e material composto de diversos elementos orgânicos chamados de planeta terra. E é claro, o mais antigo do ponto de vista teológico também, porque foi o primeiro a aparecer quando Deus ordenou que os demais elementos se juntassem e aparecessem, formando assim, as águas oceânicas, as montanhas, o solo da terra... e por isso Nanã que é a manifestação divina em terra e representante da terra é considerada a Orixá mais velha, atuante desde o momento da proclamação de Deus, sendo responsável pela emanação de energia para a criação de todos os seres.

Nanã é a composição do barro que aparece desde a primeira manifestação de mundo para a formação do mundo quando a terra ainda se preparava para abrigar os encarnados. É a fonte de vida orgânica e terrena da parte úmida e cheia de lama, composta apenas da essência divina se derramando para as primeiras vibrações espirituais e constituição dos primeiros seres que habitam este universo.

Não é a primeira a possuir sabedoria ou ser antiga em terra, mas a primeira por ser a primeira forma de vida divina a existir por ordem do Criador e ser capaz de através de suas próprias ordenações divina ser a condutora dos demais seres que viriam depois dela. E por ela.

4. Nanã, frutos da vida

Voltando a questão teológica para formar o raciocínio e entendimento, já sabemos que os Santos recebem e derramam sobre a terra as energias santificadas por Deus, uma vez que essas energias são divididas em sete raios distintos de forças e emanações divinas.

A entidade espiritual santificada que recebe a ordem de Deus para se manifestar ou manifestar a força de Deus sobre o elemento árido, conforme às lendas e às culturas religiosas recebe o nome de Nanã. Nanã é considerada a mais velha a anciã, não porque é aquela que possui maior conhecimento, mas porque todos os outros Orixás ou todas as outras "fontes de energia direta" vêm ou surgem depois dela teologicamente.

Isso nos mostra como Nanã ou a manifestação divina através do solo da terra é a fonte geratriz ou a condutora e o sustentáculo de todos os outros Orixás ou fontes espirituais. Isso porque para existirem as águas oceânicas, as águas doces, as matas, as florestas, os frutos, o fogo, as fontes orgânicas e inorgânicas, os ventos soprando os seres encarnados ou todas as formas de vida se faz necessário o solo da terra. E sem o solo da terra nada poderia existir.

O encarnado apenas pisa no chão porque o chão existe, se alimenta porque o alimento é plantado no solo, que é terra, somente se refrigera com as águas porque existe o solo para que as águas sejam sustentadas, se abriga porque existem as fontes de elementos orgânicos como as florestas que produzem a madeira e as fontes inorgânicas que produzem o ferro e os demais elementos. Isso quer dizer que nada poderia existir sem o solo da terra, então a importância desta que é uma das fontes sagradas mais importantes é juntar todos os elementos em um único lugar onde Deus possa vir para os abençoar.

Nanã é a união de todas as fontes e todos os seres, é através dela que a vida nasce e também morre. Ela é o caminho para a vida e para a morte de tudo o que possa existir pela permissão divina.

É a "Mãe vida" que conduz vida a tudo que possa existir, conhecedora dos caminhos da vida e da morte de cada um, uma vez que rege e governa todo o campo material com sua própria luz.

Agora estamos todos ligados aquela que é mãe da vida, em tempos antigos chamada de "Árvore da Vida", porque todas as ramificações para frutificações partem dela que é a fonte de vida abençoada que faz brotar os frutos e alimentos do seu chão, para que possamos seguir nossos próprios caminhos e cumprirmos nossas próprias missões.

É certo que esta fonte não nos tira de nenhum sofrimento de terra, não nos deixa em nenhuma bolha para que não sofremos, mas é certo que nos conduz direto para nossas mães e pais naturais (Orixás) para que sejamos abençoados, cuidados, alimentados e sigamos os nossos caminhos, assim como fizera com o vosso também amado filho Omulu, lhe permitindo atravessar as próprias dores e cumprir a ordem de Deus sobre sua vida.

5. Abrigo divino

O campo terreno é um campo de lapidação de almas através das missões que cada espírito encarnado possui. Espiritualmente aqui, é um abrigo sagrado que recebe todas as forças, poderes e emanações de Deus, tornando-se uma casa sagrada para lapidação de almas. E somente se tornando uma casa sagrada poderia mostrar ao ser humano o poder de amor que o Criador possui, quando cria espiritualmente fontes de emanação de energia direta espíritos que recebem para encaminhar para a essa terra, tudo aquilo que somente Ele poderia, que são as energias santificadas em forma de amor, caridade, bondade, frutificação, luz, sabedoria, conhecimento, ciência e poder de justiça que somente ele em verdade possui. Porque ainda que os seres de terra tenham tudo isso, esse tudo, foi recebido de algum lugar ou de alguém; e esse lugar é o campo celestial e esse alguém é o próprio Deus, através dos espíritos santificados.

Mas somente com todo esse preparo que a terra recebe e com todas essas emanações cheias de luz divina com o auxílio dos Santos, é possível nascer, crescer e cumprir missão aqui deste lado. Ainda que o campo terreno seja um campo de aprendizado, uma vez que todos os espíritos que aqui se encontram estão de alguma forma buscando sua evolução através de lições espirituais por força de alguma lição que esteja passando, lições estas que muitas vezes chamamos de dificuldades, aqui é o maior campo espiritual e sagrado de amor, caridade e bondade; porque Deus em sua eterna bondade além de nos criarmos espiritualmente, nos concede vivermos neste campo espiritual lindo e capaz de nos atender em todas as nossas necessidades.

Este é o único campo espiritual que possui águas límpidas para nos alimentar e refrigerar, solo sagrado para pisarmos e caminharmos, alimentos que brotam do chão para nos alimentarmos, as aves voam tranquilas e serenas, nos mostrando como a vida pode ser leve, tranquila e divina; aqui temos lindas paisagens e vegetações, oxigênio puro para nos abastecer, as vidas nascem e se renovam todos os dias. E tudo isso somente é possível com a santa e sagrada contribuição dos Santos, que são espíritos altamente preparados e sagrados em nome de Deus que os permitem serem o elo entre Ele e nós seres humanos, filhos aprendizes do que significa o amor verdadeiro.

E os Santos que são estes elos que nos ligam à Deus são a representação do que é o amor divino em sua plenitude, pois tudo fazem por nós, e em nossos nomes. Sem nos perguntar absolutamente nada, sem se importarem se somos bons ou não uns com os outros, sem se importarem se somos verdadeiros em nossas caminhadas ou se estamos aprendendo as lições espirituais ou pregando e fazendo tudo ao contrário do que é a ordem divina. Então os Santos, são a mais pura representação da face de Deus, nos abençoando e nos trazendo luz divina, amor, caridade, piedade, compreensão e justiça divina em forma de alimento espiritual, para o corpo e para alma.

Devocionário aos Santos e Servos de Deus

1. Conhecendo os Santos

Deus em vossa plenitude misericordioso permite que os espíritos mais altivos e preparados espiritualmente sejam vossos servos espirituais, nas lutas e serviços Santos, para que laço ou o elo espiritual jamais se quebre diante da vossa verdade. Os Santos são o poder que está em tudo e encontra-se em tudo, porque cada espírito Santo e sagrado é uma ponta deste elo espiritual criado por Deus, para que todos estejam seguros embaixo do manto sagrado de Deus.

Isso quer dizer que mesmo diante das maiores dificuldades de terra, ainda que não possamos falar diretamente com o Criador e lhe pedir socorro, ainda assim existirão aqueles que carregam as forças e energias de Deus e irá levar nossas preces e nos ajudar diante de nossas dores e dificuldades.

O Pai Maior jamais nos abandonará, porque aonde existir uma intenção boa em vosso nome lá Ele estará, ainda que através de um de seus servos, os Santos, que carregam as vossas energias santificadas e vontade de nos acolher e nos cuidar em todos os momentos de nossas caminhadas terrena.

A bondade divina é eterna, por isso, ele nos abençoou com esses espíritos santificados para que jamais estejamos sozinhos e desamparados, porque ainda que Ele mesmo não adentre em espírito neste campo sagrado, sempre haverá um espírito preparado em vosso nome para nos socorrer e nos abençoar representando ele mesmo, carregando as vossas próprias luzes.

E essa verdade não muda devido a igreja, ao templo, a casa espiritual; porque Santo é Santo em qualquer lugar, suas ações e missões independem dos encarnados. Porque ainda que estes possuam cargos e patentes de terra diante de suas doutrinas em nada suas vontades podem interferir naquilo que devem fazer em nome daquele que vos criou e vos ordenou a serem o que são. Por isso, os Santos não caminham sobre ordens e diretrizes de homens de terra, mas sim sobre as ordens e diretrizes espirituais que os regem e vos guardam em casas sagradas celestiais.

2. Falando com Deus através dos Santos

Falar com os Santos é falar com Deus, então não importa aonde você esteja, ou em que momento da vida você esteja. Todas as vezes que procurar a intercessão divina através dos Santos, eles estarão prontos para vos socorrer, afinal foram criados, preparados e ordenados para essa função. A maior alegria e prazer espiritual para um espírito é saber que o seu trabalho Santo é de fato a luz e a salvação na vida daqueles que precisam de vossos auxílios.

Então não tenham medo de lhes invocar e pedir tudo aquilo que desejarem, Santo é Santo em qualquer lugar, pronto para auxiliar todos os necessitados. E não é porque um encarnado tem por guiador ou (pai e mãe) uma determinada unidade espiritual, ou um determinado espírito que não poderá recorrer suas preces ou devoção a outro espírito. Os Santos são espíritos criados justamente para nos atender, a missão deles na vida individual de cada encarnado, em nada interfere em relação a intercessão divina, porque uma coisa são as doutrinas de terra, outra coisa são as verdades e razões pelos quais estes espíritos foram criados.

Por isso não tenham medo de lhes invocarem em preces, músicas, sons ou a forma que lhes tocarem os corações, porque eles são as verdadeiras fontes de luz criadas por Deus para nos ajudarem e entre eles, não existem vaidades, desejos individuais, vontades próprias, quereres exclusivos, competições ou nada que se refira aos sentidos humanos e encarnados, apenas energia espiritual, divina de luz, amor e caridade.

3. Santificados sejam todos os Santos

Devoção aos Santos Espíritos

Santificados sejam todos aqueles que estejam dispostos a trabalharem em nome de Deus para servir ao Criador em favor dos homens da terra, sendo as fontes de energias diretas de Deus para que os homens sejam nutridos e alimentados em todas as suas necessidades de homens. Evocados em nome da santidade que é Deus, sejam todos os espíritos que distribuem luz, amor e caridade, sem pedir nada em troca, apenas pelo compromisso e a missão espiritual para que sejamos aliviados de nossas dores e opressões de homens.

Iluminados sejam todos aqueles que escutam e temem a Deus em todos os vossos dias, pois estes sabem quem é o verdadeiro Deus e a vossa verdadeira força de vida e de morte, ainda que estas estejam distribuídas através dos Santos em prol dos que caminham sobre o verdadeiro espírito de luz e de bondade, único capaz de dar e de tirar a vida dos filhos da terra.

Louvados sejam todos aqueles que abrindo mão de suas próprias unidades, atuam única e exclusivamente a atender as vontades do senhor Deus para que toda as vossas determinações sejam cumpridas

Abençoados todos os que se sacrificam e se imolam em nome da força maior e do poder supremo, não por medo do fim e da morte, mas por devoção de amor e de verdade ao Deus maior, criador de todas as coisas. Amém.

A BÍBLIA REAL ESPÍRITA

CONHEÇA A BÍBLIA REAL, A PRIMEIRA BÍBLIA ESPÍRITA DO MUNDO

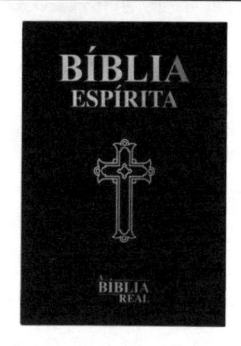

Comunidade Espírita de Umbanda
Coboclo Ubirajara

Rua Doutor Almeida Nobre, 96
Vila Celeste - São Paulo - SP
CEP: 02543-150

- www.abibliaespirita.com.br
- @abiblia.espirita
- A Bíblia Espírita
- A Bíblia Real / Bíblia Espírita
- faceboook.com/cabocloubirajaraoficial/
- faceboook.com/exuecaminho
- faceboook.com/babalaopaipaulo
- faceboook.com/claudiasoutoescritora
- contato@editorarochavera.com.br

Editora Rochaverá

Rua Manoel Dias do Campo, 224 – Vila Santa Maria – São Paulo – SP - CEP: 02564-010
Tel.: (11) 3951-0458
WhatsApp: (11) 98065-2263

EDITORA ROCHAVERÁ